STAAT - UNSER STOLZ

Das Ortseingangsschild von Reinholterode zeigt die Zugehörigkeit des Dorfes zum 1952 gegründeten Kreis Heiligenstadt im Bezirk Erfurt. Die SED-Verwaltungsreform zerschlug 1952 die traditionellen Länder und ihre Kreiseinteilungen. Die Begriffe „Thüringen" oder „Eichsfeld" kamen dort nicht mehr vor. Damit löste man wesentliche Träger kultureller Identität und geschichtlich gewachsenes Heimatbewusstsein auf.

Eichsfeld

Fotoschätze aus den 70ern und 80ern

Die untere Karl-Marx-Straße (heute Wilhelmstraße) Heiligenstadts wurde erst 1989 zu einer Fußgängerzone umgestaltet. Vorher war die beliebte Einkaufsstraße für den Verkehr geöffnet.

Torsten W. Müller

Eichsfeld

Fotoschätze aus den 70ern und 80ern

SUTTON HEIMAT

Über den Autor

Dr. Torsten W. Müller, Jg. 1982, studierte Volkskunde, Theologie, Germanistik und Pädagogik an den Universitäten in Erfurt und Bamberg. Er promovierte mit einer Arbeit über Heimatvertriebene in Mitteldeutschland nach 1945. Als wissenschaftlicher Mitarbeiter an der Universität Erfurt galt sein besonderer Fokus der Aufarbeitung der Geschichte der katholischen Kirche in der DDR.

Von 2015 bis 2022 leitete er das kulturhistorische Eichsfeldmuseum in Heilbad Heiligenstadt. Dort etablierte er die „Heiligenstädter Palmsonntagsprozession" für das Bundesweite Verzeichnis Immateriellen Kulturerbes der Deutschen UNESCO-Kommission. In der Vergangenheit überzeugte er durch zahlreiche Publikationen zur Kultur-, Landes- und Zeitgeschichte. Müller war an vielen Ausstellungen und Medienprojekten beteiligt. Seit April 2022 leitet er das Museumsdorf Cloppenburg – Niedersächsisches Freilichtmuseum.

Einband vorn: Bei der Firmung in Geismar 1971 wird Bischof Hugo Aufderbeck (1909–1981) vor Kirche und Pfarrhaus feierlich verabschiedet, bevor er mit seinem Wartburg wieder zurück nach Erfurt fährt. Ab 1962 war Aufderbeck Weihbischof des Bistums Fulda mit Sitz in Erfurt und von 1973 bis 1981 Apostolischer Administrator in Erfurt-Meiningen, ab 1971 führte er den Titel „Bischof". Er kam regelmäßig zu Firmungen, Wallfahrten und Visitationen ins Obereichsfeld.

Vorsatz: Am 1. Mai ziehen in der Karl-Marx-Straße (heute Wilhelmstraße) Heiligenstadts Menschen aus Schulen und Betrieben in einem Demonstrationszug an einer Ehrentribüne (rechts) vorbei. Die Aufnahme entstand zwischen 1975 und 1978.

Seite 5: Der Beobachtungsturm BT 11 bei Bleckenrode und der Grenzzaun gehörten zu den Grenzsperr- und Sicherheitsanlagen, die die DDR mit großem finanziellen Aufwand bis 1989 unterhielt.

Nachsatz: Viele DDR-Bürger wollten nach der Grenzöffnung in den bislang nicht erreichbaren Westteil Deutschlands fahren. An der Grenzübergangsstelle Duderstadt-Worbis verursachte dies oft einen Rückstau: von der offenen Grenze bis zu 25 Kilometer nach Westen, bis Göttingen, und bis zu 50 Kilometer nach Osten, bis Mühlhausen oder Nordhausen.

Einband hinten: Durch den Aufbau der Baumwollindustrie sollte das einstige Dorf Leinefelde zu einer sozialistischen Musterstadt in der DDR werden. Auf dem zentralen Platz vor der Stadthalle (heutige Obereichsfeldhalle) entstand ein Brunnen, der eine stilisierte Baumwollblüte zeigte und zum Wahrzeichen der Stadt auserkoren wurde. In den 1990er-Jahren wurde er entfernt.

Impressum

Sutton Verlag GmbH
Arnstädter Straße 8
99086 Erfurt

Druck: Florjančič Tisk d.o.o. / Slowenien
Gestaltung und Herstellung: Sutton Verlag
ISBN: 978-3-96303-456-5

1. Auflage, 2023

Inhalt

In allen obereichsfeldischen Städten führte der sozialistische Wohnungsbau zu Veränderungen im Stadtbild. So entstand etwa in Heiligenstadt in den 1970er-Jahren das Neubauviertel Rinne als Plattenbausiedlung.

Bildnachweis

Sammlung Uwe Lange, Mackenrode: S. 38, 75 oben; **Sammlung Judith Dunsch, Mackenrode:** S. 71; **Sammlung Matthias Gunkel, Uder:** S. 89; **Sammlung Karl-Otto Heidenblut, Günterode:** S. 43 oben, 73 unten, 74, 75 unten; **Sammlung Horst Zbierski, Wahlhausen:** S. 21 oben, 52, 53 oben, 70, 107; **Bernd Homeier, Großbartloff:** S. 64 unten, 69; **Otto Roth, Gernrode:** S. 9, 48 unten; **Willi Klöppner, Mackenrode:** S. 62, 96, 98; **Petra Weber, Heiligenstadt:** S. 48 oben; **Peter Anhalt, Steinbach:** S. 21 unten, 42, 46, 91 oben; **Andreas Anhalt, Mühlhausen:** S. 18, 47 oben; **Josef Keppler, Lindewerra:** S. 8, 30, 31, 35-37, 41, 50, 51 oben, 54, 55 oben, 86 oben, 106, 116 unten; **Sammlung Georg Brockt, Günzerode:** S. 13 unten, 19, 40, 76; **Ewald Holbein, Dingelstädt:** S. 13 oben, 34, 72, 73 oben, 116 oben; **Cliff-Horst Russel, Sydney:** S. 6, 99–105; **© http://ddrbildarchiv.de:** S. 49; **Archiv des Bischöflich Geistlichen Kommissariates Heiligenstadt, Nachlass Pfarrer Hermann-Josef Siebrand:** Einband vorne, S. 83 oben, 84, 85, 87, 93 oben; **Archiv des Bischöflich Geistlichen Kommissariates Heiligenstadt, Pfarrarchiv Kalteneber:** S. 83 unten; **Ehemaliges Museum „Gülden Creutz“, Leinefelde-Worbis:** S. 23, 24, 39 oben, 65; **Privatsammlung des Verfassers:** S. 17, 45 unten, 47 unten, 88; **Archiv des Landkreises Eichsfeld, Heiligenstadt, Nachlass Albert Kohl:** S. IV, 2, 12, 43 unten, 44, 45 oben, 53 unten, 57 oben, 64 oben, 81, 86 unten, 90, 91 unten, 92, 93 unten, 94–95, 97, 108–110, 112–114, 115 oben, 117; **Grenzlandmuseum Eichsfeld, Teistungen:** S. 5, 55 unten, 56, 57 unten, 58–61, 111, 115 unten, Nachsatz; **Grenzmuseum Schifflersgrund, Sickenberg:** S. 51 unten; **Eichsfeld-Museum, Heilbad Heiligenstadt:** Vorsatz, S. 10, 11, 15 unten, 16, 20, 22, 25, 39 unten, 66–68, 78, 79; Einband hinten.

Einleitung

Während der Ära des Staatsratsvorsitzenden Erich Honecker (1971–1989) war die „Einheit von Wirtschafts- und Sozialpolitik“ eine wichtige staatliche Handlungsmaxime in der DDR. Das „Glück des Volkes“ wurde zum obersten Ziel dieser Politik erklärt. Die Löhne der Arbeiter wurden ebenso wie die Renten erhöht, die Arbeitszeit wurde verkürzt, das Wohnungsbauprogramm vorangetrieben. Steigende Löhne und ein wachsender Lebensstandard sollten wiederum die Produktivität steigern und für ein stabiles Wachstum der Wirtschaft sorgen.

Im Eichsfeld war diese Politik mit grundlegenden Veränderungen verbunden: Der Anteil der Industriearbeiter nahm spürbar zu, die Arbeits- und Lebensbedingungen verbesserten sich, und beachtliche Leistungen wurden von der Bauwirtschaft, besonders im Wohnungsbau, erbracht.

Viele Eichsfelder besannen sich auf alte Tugenden wie Fleiß und Sparsamkeit. So erreichte man – mithilfe der Kontakte in den Westen – einen gewissen Wohlstand, wovon beispielsweise die sauber gepflegten Eichsfelddörfer und die zahlreichen Einfamilienhäuser beredtes Zeugnis ablegten.

Häufig jedoch lebte man zwischen Anpassung und Widerstand. Das Konfliktfeld Jugendweihe zeigt, dass die Eichsfelder die ab 1954 aufgebaute starke Anti-Jugendweihe-Front nicht aufrechterhalten konnten. Auf Schüler und Eltern wurde ab den 1970er-Jahren zunehmend stärker Druck ausgeübt. Innerhalb weniger Jahre war es der SED gelungen, bei katholischen Lehrern und Eltern in anderen staatsabhängigen Berufen das Bewusstsein zu erzeugen, die Verweigerung der Jugendweihe käme einer oppositionellen, die berufliche Existenz sowie die Bildungskarriere der Kinder gefährdenden Handlung gleich. Zusätzlich konnte man wohl auch einen gewissen Konformismus oder einen Hang zur Konfliktvermeidung beobachten, aufgrund dessen die Zahl der Teilnehmer der Jugendweihe stieg, obwohl von Seiten der Kirche stets eine Unvereinbarkeit zwischen diesem Bekenntnis zum Atheismus und dem katholischen Glauben betont wurde.

Im Eichsfeld schien es durchaus möglich, innerhalb dieser Grenzen als Katholik leitende Funktionen innezuhaben unter der Voraussetzung, Mitglied der SED oder einer Blockpartei zu sein, während in anderen Gebieten der DDR angesichts leitender Positionen in der Regel die SED-Mitgliedschaft mit Kirchenaustritt verbunden war. 1984 kam es jedoch diesbezüglich zu noch größeren Spannungen im Verhältnis katholische Kirche – Staat. Auslöser waren das Drängen auf Kirchenaustritt von SED-Mitgliedern und ihren Familienangehörigen unter Androhung beruflicher Zurückstufungen bis hin zu Versetzungen zum persönlichen Nachteil sowie das Bestreben, die durch berufliches Ausscheiden von Eichsfeldern freigewordenen Stellen mit Arbeitskräften aus anderen Kreisen zu besetzen, was als gezielte Überfremdung des Eichsfeldes verstanden wurde. Eine erwähnenswerte Austrittsbewegung aus der Kirche hat es jedoch zu keiner Zeit gegeben, auch wenn leitende Positionen nur von SED-Genossen besetzt wurden.

In seiner Predigt zur jährlichen Männerwallfahrt im Klüschen Hagis 1989 nannte Bischof Joachim Wanke die Dauerthemen der Gespräche mit den staatlichen Organen, die Belange der Gläubigen und schloss diese Aufzählung mit den Worten: „Dieses Land und die hier wohnenden Menschen sind uns nicht gleichgültig. Wir hoffen auf wirkliche Fortschritte und Veränderungen. Die Zeit dafür ist reif."

Im Herbst 1989 begann nach Friedensgebeten in Worbis, Heiligenstadt, Dingelstädt und Leinefelde mit machtvollen Kundgebungen die Friedliche Revolution im Eichsfeld, als deren Ergebnis die ersten Personalwechsel in Schaltbereichen der Macht in der DDR erfolgten.

Die einst hermetisch abgeriegelte innerdeutsche Grenze, die im Eichsfeld besondere Präsenz zeigte, wurde am 9. November 1989 geöffnet; die meisten Gründe für ein DDR-Grenzregime entfielen damit. Das Sperrgebiet an der Grenze wurde am 12. November aufgehoben, weitere Grenzübergange wurden alsbald geschaffen, Besuche im Obereichsfeld waren nun uneingeschränkt möglich. Alle weiteren rigiden Beschränkungen verschwanden bis zum 30. Juni 1990. Und am 3. Oktober 1990 verschwand auch der Staat, der – um überhaupt zu überleben – dieses ungeliebte Grenzregime gebraucht hatte.

Dr. Torsten W. Müller

Aus dem Werratal bei Lindewerra schlängelten sich die Grenzanlagen aus Streckmetall und Stacheldraht den Höheberg steil bergauf und unterhalb der 511 Meter hohen Junkerkuppe hinab in Richtung der Burg Hanstein. Diese seltene Aufnahme der innerdeutschen Grenze entstand auf ostdeutscher Seite. Heute verlaufen durch dieses Waldgebiet zwischen Hanstein und Teufelskanzel wieder die beliebtesten eichsfeldischen Wanderwege.

1

Großindustrie

Zu einem beachtlichen wirtschaftlichen Strukturwandel des Eichsfeldes führten die staatlichen Investitionen in mehrere großindustrielle Produktionsanlagen. Nach der Verabschiedung des „Eichsfeldplans“ der SED 1959 kam es zum Aufbau der Baumwollindustrie in Leinefelde, zu einer Erneuerung des Kalibergbaus in Bischofferode und später des Zementwerkes in Deuna. In Heiligenstadt war mit dem Solidor der größte Reißverschlusshersteller der DDR beheimatet. Zudem wurde für die zuziehenden Arbeiter auch die nötige Infrastruktur geschaffen: Wohnungs- und Straßenbau, Kinderbetreuung und Kultureinrichtungen.

Das Zementwerk in Deuna ist in jeder Hinsicht ein dominierender Industriestandort im Eichsfeld. Im Jahr 1975 wurde es als VEB Eichsfelder Zementwerk Deuna in Betrieb genommen und prägte die regionale Wirtschaftsstruktur fortan stark.

Leinefelde versechsfachte durch Zuzug aus anderen Teilen der DDR binnen weniger Jahrzehnte seine Bevölkerung: 2.500 Bewohner lebten 1989 im alten Dorf, 14.000 im Plattenbaugebiet Südstadt. Die neuen Wohnungen in Plattenbauweise veränderten das Ortsbild radikal.

Das 1969 zur Stadt erhobene Dorf Leinefelde wuchs innerhalb kurzer Zeit zu einem Zentrum der nationalen Textilindustrie. Hauptarbeitgeber war der VEB Baumwollspinnerei und Zwirnerei Ernst Thälmann („Spinne") – hier zu sehen mit zentralem Werkseingang und Verwaltungsgebäude.

Die Bevölkerung Leinefeldes war vor 1990 mit im Schnitt 25 Jahren extrem jung, die Geburtenrate extrem hoch. Zur besseren Warenversorgung der „jüngsten Stadt der DDR" wurde ab 1967 in zwei Bauabschnitten das „Haus Mitte" – später Kaufhaus Magnet – errichtet.

Bis 1989 arbeiteten viele Dingelstädter in der Textilindustrie des VEB Eichsfelder Obertrikotagenwerks. Mehrere eichsfeldische Strickereien wurden hier zusammengefügt, sodass der Betrieb zum größten Hersteller von Herrenstrickwaren in der DDR avancierte.

In der DDR wurde Pfaffschwende zu einem Standort der Metallwaren- und Spielzeugindustrie ausgebaut. Rund 600 Menschen fanden im VEB Spielwarenmechanik Pfaffschwende eine Beschäftigung. 1977 wurden die beliebten Metallbaukästen in den Produktionsplan aufgenommen.

Im Kalibergwerk „Thomas Müntzer" in Bischofferode betrieb man intensive Bergbautätigkeit. 1970 wurde das Werk Teil des VEB Kombinat Kali Sondershausen. Es war der wichtigste Arbeitgeber der Region, auch wenn Bewohner von Holungen gegen eine Erweiterung der Abraumhalde protestierten.

Ab 1970 war Heiligenstadt der Stammbetrieb für Hartkurzwaren, dem weitere fünf Betriebe mit Außenstellen angeschlossen waren. Die Aufnahme zeigt Frauen bei der Montage von Hosenbundklemmen in den 1970er-Jahren. (Sammlung Georg Klingebiel)

In Heiligenstadt hatte der VEB Solidor – Kombinat für Hartkurzwaren als Stammbetrieb eines DDR-Kombinates seinen Sitz. Die Aufnahme zeigt einen Drahtbiegeautomaten zur Herstellung von Briefklammern. Die Maschine produzierte 150 Büroklammern – in drei verschiedenen Abmessungen – innerhalb einer Minute. (Sammlung Georg Klingebiel)

In den 1980er-Jahren hielten die ersten DDR-Bürocomputer Einzug in den Solidor. Der A 5120 der Firma Robotron war ein Gerät zur Text- und Datenverarbeitung, das nur an Betriebe und Institutionen geliefert wurde. Der Preis für diesen Computer lag bei mehr als 30.000 Mark.

robotron
A 5120

Im Kombinat Solidor arbeiteten rund 2.500 Beschäftigte. Neben Hosenbundklemmen und Büroklammern wurden vor allem auch Reißverschlüsse hergestellt. Das Foto zeigt eine Mitarbeiterin an einem Plastspritzautomaten zum Anspritzen der Teilbarkeit des Reißverschlusses (z. B. für Anoraks).

2

Landwirtschaft

Die sozialistisch geprägte Landwirtschaft der DDR mit ihrer eigenen Betriebs- und Agrarstruktur hat die Kulturlandschaft des Obereichsfeldes massiv verändert. Große und leistungsstarke Landwirtschaftliche Produktionsgenossenschaften (LPG) oder Kooperativen Abteilungen wurden durch Konzentrationen und Spezialisierungen in der Tier- und Pflanzenproduktion geschaffen. Großräumige Bauten der Tierproduktion entstanden, so Schweinemastanlagen mit mehreren Tausend Schweinen und große Milchviehanlagen mit bis zu 2.000 Kühen. Um die Pflanzenproduktion wirtschaftlich zu optimieren, wurden immer größere Feldflächen geschaffen, die mit Großmaschinen bewirtschaftet werden konnten. Feldwege, Grenzsteine und Wassergräben wurden mit in die landwirtschaftliche Nutzung einbezogen.

Mehrere Mähdrescher vom Typ E 512 wurden in den 1970er-Jahren bei der Getreideernte bei Dieterode eingesetzt. Damals gab es noch keine angebauten Strohhäcksler, weshalb das Stroh in Schwaden abgelegt wurde.

In der DDR-Großraumwirtschaft waren leistungsstärkere Zugmaschinen mit größeren Arbeitsbreiten nötig als bei den Einzelbauern. Das Foto zeigt einen Traktor der Marke ZT 303 bei der Kartoffelpflanzung. Angehängt ist eine große Legemaschine mit angebautem Ladebunker, der gerade zum Entleeren in die Maschine gekippt ist. ▸

Der Mähdrescher „Fortschritt E 512" war ein Produkt der DDR-Landmaschinenindustrie. Er wurde mit zweierlei Schnittbreiten und zunächst ohne Fahrerkabine geliefert. Das bei Steinbach aufgenommene Foto zeigt eine verbesserte Variante mit Kabine, welche die enorme Feinstaubbelastung für den Fahrer reduzieren sollte. Dieser Typ wurde bis 1989 weiterentwickelt und den Erfordernissen der Großraumwirtschaft angepasst.

Zur Kartoffelernte wurden regelmäßig viele Helfer benötigt. Die Mitarbeiter aus den eigenen LPG reichten nicht aus, weshalb Hilfskräfte angeworben wurden. Auf diesem Bild sind Schüler beim Kartoffellesen von Hand zu sehen. Der Jugendliche vorn hat bereits seine Kartoffelwanne entleert. Der andere Schüler verteilt die Kartoffeln auf dem Hänger. ▸

Die LPG „Wilhelm Pieck" in Wahlhausen spezialisierte sich auf den Anbau von Gemüse. 1978 produzierten die 223 Mitglieder 1,2 Millionen Salatköpfe, Gurken, Tomaten, Möhren und anderes Gemüse. Die LPG erhielt 1977 auf der Leistungsschau der IGA in Erfurt für ausgestellte Tomaten die Goldmedaille.

Ab den 1970er-Jahren kamen in der Landwirtschaft auch Agrarflugzeuge zum Einsatz, wie hier vom Typ Z 37, einem tschechischen Produkt. Mit einer eigens dafür konstruierten Schleuderradanlage flog die Maschine bei 23 Metern Arbeitsbreite mit granuliertem Dünger bis zu 50 Hektar am Tag ab. Das Bild zeigt einen Einsatz westlich von Uder in den 1980er-Jahren. Im Vordergrund ist die Bahnlinie Uder–Arenshausen zu sehen, im Hintergrund die Kartoffelhalle der KAP Bornhagen.

Den einzelnen LPG wurden verschiedene Anbauauflagen gemacht. So hatte die Steinbächer LPG Steckzwiebeln zu produzieren. Während die gesamte Pflege und Ernte durch Frauenbrigaden erledigt wurde, konnten die Zwiebeln zu Hause sortiert werden. Die Säcke wurden dazu auf dem großen Küchentisch ausgeschüttet. Die ganze Familie arbeitet hier 1981 mit.

Von der Kalteneberschen Klus und der letzten Kreuzwegstation hat man einen guten Blick auf die Stallanlagen der LPG „Neues Leben" Kalteneber mit ihren Hochsilos. Die Silos hatten eine Kapazität von je 650 Tonnen und dienten der Futterlagerung sowie Vergärung zu Anwelksilage. Sie erzeugten ein hervorragendes Futter für die Milchkühe der LPG und wurden bald nach 1990 abgerissen.

3

Lebenswelt

Die Folgen der neuen DDR-Wirtschafts- und Sozialpolitik der 1970er- und 1980er-Jahre waren auch im Eichsfeld spürbar. Der Lebensstandard stieg, die Wirtschaft stabilisierte sich in den 1970er-Jahren, und die Wohnungsnot wurde gelindert. Junge Ehepaare erhielten nun zinslose Kredite, damit sie sich z. B. Möbel anschaffen konnten. Unter den Ostblockländern erreichte die DDR den höchsten Lebensstandard – auch wenn dieser noch weit unter dem der Bundesrepublik lag.

Es kam zu zahlreichen infrastrukturellen Verbesserungen in den Bereichen Soziales, Gesundheitswesen, Bildung, Kultur, Sport und Verkehr. Ganze Stadtteile wurden in Plattenbauweise errichtet, ältere Gebäude wurden oft nicht renoviert, verfielen und wurden abgerissen.

Traditionelle Werte und kulturelle Ausdrucksformen, die für das Eichsfeld eine bedeutende Rolle spielten, blieben auch während der kommunistischen Ära lebendig.

Im ehemaligen Junkerhof und Landratsamt in Worbis befand sich ab 1952 der Sitz des Rates des Kreises Worbis. An der Außenfassade des im klassizistischen Stil errichteten Gebäudes prangt 1975 eine Losung, die auf die gewünschte Verbundenheit der Bevölkerung mit der Sowjetunion hinweist.

Im Zentrum von Heiligenstadt wurde das Witzel'sche Haus in der Windischen Gasse abgerissen. An die Stelle eines der ältesten Häuser der Stadt trat eine neue Stadtbibliothek, die am 7. Oktober 1979 eingeweiht werden konnte. ▸

Anstelle des alten Schützenhauses wurde 1953 in Worbis der Saal des Kulturhauses errichtet. Ein weiterer Gebäudeteil mit der hier zu sehenden Gaststätte konnte 1969 fertiggestellt werden. In den 1980er-Jahren wurde das Innere mit der typischen sozialistischen Formgestaltung umgebaut und modernisiert.

Die DDR trieb ihr Wohnungsbauprogramm massiv voran, sodass auch in Heiligenstadt auf den Liethen (Foto) und auf der Rinne ganze Stadtteile in Plattenbauweise entstanden. Diese Wohnungen waren in der DDR sehr beliebt, da da hier nur geringe Mieten bezahlten wurden. ▸

Die Waldgaststätte „Neunbrunnen“ zwischen Heiligenstadt und Flinsberg wurde vom „Konsum“ als Naherholungszentrum betrieben. Sie war ein beliebtes Ausflugsziel vieler Heiligenstädter Bürger. (Sammlung Georg Klingebiel) ▸

Im August 1978 brannte das Kornhaus in der Dingelstädter Straße in Heiligenstadt ab. Durch die Holzbauweise und die eingelagerten 400 Tonnen an Getreide und Ölfrüchten breitete sich das Feuer rasch aus. Die Heiligenstädter Feuerwehr mit ihren drei Löschfahrzeugen und die FFW Westhausen kämpften gegen die meterhohen Flammen an. (Sammlung Georg Klingebiel)

Für ein neues Hallenbad in Heiligenstadt wurde am 1. Oktober 1979 der Grundstein gelegt. 1984 wurde das Bad feierlich eröffnet. Zahlreiche Schüler der Stadt und des Kreises Heiligenstadt haben hier das Schwimmen erlernt. (Sammlung Georg Klingebiel) ▸

Das DDR-Schlagerpaar Chris Doerk und Frank Schöbel galt als Aushängeschild eines strahlenden Sozialismus. Ein Höhepunkt der 1.000-Jahr-Feier Heiligenstadts war der Auftritt dieses Ehepaares auf dem Gelände vor der Erweiterten Oberschule „Wilhelm Pieck“, heute Lingemann-Gymnasium. (Sammlung Georg Klingebiel)

Die 1.000-Jahr-Feier ihrer urkundlichen Ersterwähnung beging die Stadt Heiligenstadt 1973 unter anderem mit einem großen Festumzug durch die Karl-Marx-Straße. (Sammlung Georg Klingebiel)

Zuschauer beim Konzert der beiden Sänger und Schauspieler Chris Doerk und Frank Schöbel 1973 in Heiligenstadt. (Sammlung Georg Klingebiel)

◂ Für den Lyriker und Novellisten Theodor Storm wurde 1988 ein eigenes Literaturmuseum in Heiligenstadt eröffnet. Die Aufstellung der von Werner Löwe geschaffenen Storm-Skulptur, die in Lauchhammer in Bronze gegossen worden war, erfolgte am 29. Juni 1988, wobei der Bildhauer selbst jeden Meter des Weges beim Transport überwachte und den endgültigen Standort millimetergenau bestimmte.

Rechtzeitig vor der Storm-Ehrung anlässlich seines 100. Todestages am 4. Juli 1988 wurden letzte Arbeiten am völlig umgestalteten Areal um das Theodor-Storm-Museum im Mainzer Haus verrichtet. Noch hinter Holzwänden verborgen, harrte der bronzene Theodor Storm seiner Enthüllung.

Am 4. Juli 1988 wurde das Stormmuseum eröffnet und die überlebensgroße Bronzeplastik des Dichters enthüllt. Das Foto zeigt Verantwortliche des Rates des Kreises Heiligenstadt und der Stadtverwaltung Heiligenstadt bei dem Festakt Am Berge. (Sammlung Georg Klingebiel)

Der Rat des Kreises Heiligenstadt hatte das Stormmuseum konzipieren lassen und auch finanziert. Bei der Eröffnung wurde es der Stadt Heiligenstadt übergeben, deren Bürgermeister Dr. Günther Mock zum ersten Museumsbesuch einlud. Im Hintergrund stehen Musiker des Staatlichen Orchesters Heiligenstadt und des Arbeiterchors vom VEB Solidor. (Sammlung Georg Klingebiel)

Nach engagiertem Bemühen der für die Denkmalpflege zuständigen Abteilung Kultur beim Rat des Kreises Heiligenstadt und der bis 1989 jährlichen Bereitstellung von 150.000 Mark aus Denkmalpflegemitteln konnte im Juli 1985 mit der Sicherung besonders gefährdeter Bauteile der spätgotischen Burgruine durch die Baufirma Hubert Spitzenberg aus Rüstungen begonnen werden. Im Vordergrund standen die Wiederaufführung herabgestürzter Mauerteile und die Mauerkronensicherung – wie hier an der Mauer links des fünften Burgtores im Juli 1986. ▸

In einer beeindruckenden Gemeinschaftsaktion, die im Rahmen der „Mach-mit-Bewegung" in Dingelstädt organisiert wurde, pflasterten die Anwohner der Silberhäuser Straße ihre Gehwege. Die Arbeiten wurden freiwillig und unentgeltlich durchgeführt.

Die einzige technische Lösung, den einstigen Rittersaal der Burg Hanstein wieder mit Zwischendecken und einem Dach zu versehen, war der spektakuläre Einsatz eines Lastenhubschraubers der Interflug, der am 3. Oktober 1986 13 je 1,5 Tonnen schwere und bis zu 13 Meter lange Eisenträger vom Bornhagener Sportplatz zur Burg flog. Vor dem ersten Flug erfolgte die Absprache zwischen der Baufirma Spitzenberg und der Hubschrauberbesatzung aus Berlin. ▸

ERFLUG
DDR-SPE

◂ In 155 Flugminuten wurden alle Stahlträger zur Burg geflogen und mit hoher Präzision auf das Mauerwerk des Rittersaales aufgelegt. Der krönende Abschluss des Hubschraubereinsatzes war das spontan organisierte Aufsetzen des Wetterhahns auf den nördlichen Turm der Rimbacher Marienkirche, der schon 1969 herabgestürzt war.

Die älteste der hansteinischen Niederlassungen außerhalb der Stammburg, das Rittergut Unterstein, hatte wegen fehlender Nutzung und Zuwendung Anfang der 1980er-Jahre einen solch bedenklichen Bauzustand erreicht, dass der Renaissance-Gebäudeteil von 1544 mit der ersten evangelischen Kapelle des Eichsfeldes und der angrenzende Teil von 1696 nicht mehr zu retten schienen. Obwohl sich Denkmalpfleger intensiv für einen Erhalt einsetzten, erfolgte am 2. März 1989 die Sprengung. Wertvolle Wappensteine und ein Barockofen von 1750 kamen in das Eichsfeld-Museum.

◂ Der 4. Oktober 1988 war nicht nur der 680. Geburtstag der Burg Hanstein, sondern markierte auch eine besondere Etappe in der Burggeschichte, denn an diesem Tag waren alle Zimmermeister des Kreises Heiligenstadt damit beschäftigt, gemeinsam wesentliche Teile des Palas-Dachstuhls zu errichten. Nach dessen Fertigstellung wurde das Dach mit „Klosterbibern“ gedeckt, wofür das gesamte Denkmal-Jahreskontingent des Bezirkes Erfurt an Tondachziegeln bereitgestellt wurde.

Ein Lastkraftwagen der Marke W50 L präsentiert sich 1971 für einen Festumzug in Worbis. Der Buchstabe „L" in der Typenbezeichnung weist auf den Produktionsort Ludwigsfelde hin. Die Aufschrift „ZBO Worbis" bedeutet „Zwischengenossenschaftliche Bauorganisation", die Baubrigade der LPG. ▸

Mit über 1,6 Millionen produzierten Fahrzeugen war die S50/S51-Zweirad-Reihe aus Suhl das meistgebaute Kleinkraftrad Deutschlands. Auch im Eichsfeld erfreute sie sich großer Beliebtheit. Besonders eifrig putzt Uwe Lange aus Kalteneber 1986 seine S51 Elektronik.

Der Fuhrpark des VEB Baumwollspinnerei und Zwirnerei Ernst Thälmann in Leinefelde in den 1970er-Jahren. ▸

DIE OPFER DES FASCHISMUS
ZBO
WORBIS
IFA

Mehrfach war Lindewerra mit seinem alten Stockmacherhandwerk Aufnahmeort für Funk- und Fernsehbeiträge. Im Herbst 1986 drehte die DEFA in der Stockmacherwerkstatt von Gerhard Rossi Szenen für einen Eichsfeld-Film, der zur Aufführung in den Auslandsvertretungen der DDR vorgesehen war. ▸

In zentralen Orten des Eichsfeldes wurden Landwarenhäuser errichtet, die die Dorfbevölkerung mit Waren des täglichen Bedarfs versorgen sollten. Hier ist das Landwarenhaus in Ershausen 1970 zu sehen.

Nach Umbau und Renovierung der Konsum-Verkaufsstelle in Lindewerra wurde diese am 7. Oktober 1984 in feierlicher Form wiedereröffnet. Über die wohlgefüllten Regale freute sich das stolze Verkaufspersonal, insbesondere aber die Dorfbevölkerung. ▸

Spirituosen
Industriewaren des täglichen Bedarfs

Mitte der 1970er-Jahre wurde den Kindern im Freibad in Günterode auf unkonventionelle Art das Schwimmen beigebracht.

Zu jeder Feier gehört im Eichsfeld auch Kuchen, so wie hier 1982 in Steinbach. Nur zu besonderen Anlässen wurden Ananas und Pfirsiche verarbeitet, die in Büchsen in Westpaketen in die DDR kamen oder im Intershop bzw. in Delikatläden gekauft wurden. In Letzteren kostete eine Büchse 8 Mark.

Anlässlich der Heimensteiner Kirmes verkaufen die Platzmeister 1984 Heringe. Immer am Mittwoch nach Pfingsten ist dies in dem Heiligenstädter Stadtteil eine der vielen besonderen Kirmestraditionen.

Im Eichsfeld konnte die standesamtliche Trauung die kirchliche nie verdrängen. Im Juli 1985 führt ein Brautpaar seine Hochzeitgesellschaft in die Struther Pfarrkirche, in der sich Braut und Bräutigam das Ehesakrament spenden. ▸

Der Holzbildhauer Johannes Merker aus Wilbich fertigte zahlreiche Figuren für Weihnachtskrippen an, die noch heute öffentliche und private Krippen schmücken, so etwa in den Kirchen in Bickenriede und Lengenfeld unterm Stein.

Ehejubiläen werden im Eichsfeld mit einem Gottesdienst begonnen, wie hier die Feier der Goldenen Hochzeit der Eheleute Fahrig in Leinefelde. ▸

Die medizinische Betreuung der Dorfbevölkerung sollte in der DDR vor allem durch mobile Gemeindeschwestern gewährleistet werden. Das Foto zeigt Gemeindeschwester Dora Rittmeier aus Steinbach im Sprechzimmer der Gemeindeschwesternstation.

Eine große Rolle spielte bei der ländlichen Bevölkerung die Hausschlachtung. In der Küche der Familie Anhalt in Steinbach werden der berühmte Feldgieker und Blutwürste hergestellt.

In der DDR wurden 1949 sämtliche Heimatvereine in den staatlichen Kulturbund überführt. Ein eigenständiges Vereins- und Verbandsleben außerhalb der SED-gelenkten Organisationen war damit zerschlagen worden. 1988 konnten Mundart- und Heimatinteressierte aus Uder den Arbeitskreis „Martin Weinrich" gründen, aus dem 1990 ein eingetragener Verein wurde. Die Aufnahme zeigt den Arbeitskreis 1989 beim ersten Auftritt in eichsfeldischer Tracht.

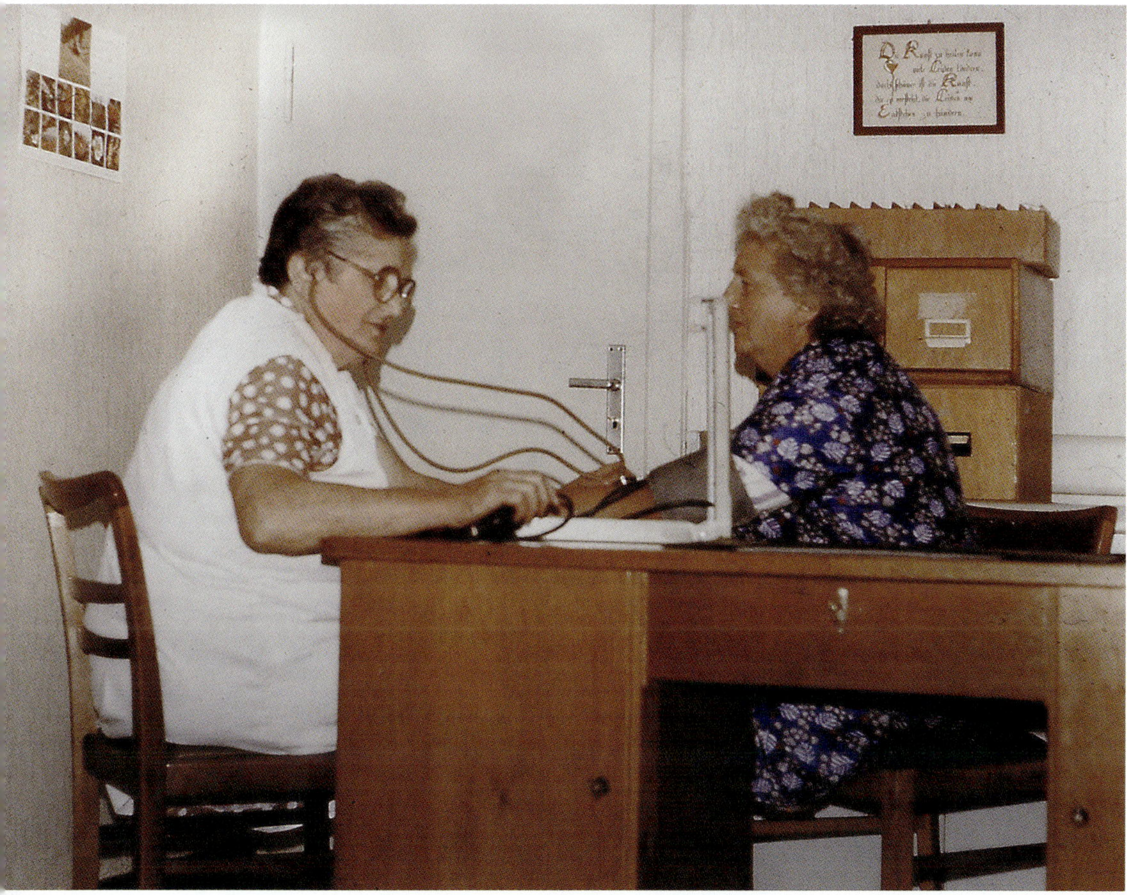

Die Zahl der Ehescheidungen lag im Eichsfeld signifikant unter dem Durchschnitt in der DDR, familiäre Gewohnheiten und Kindererziehung waren vielfach religiös geprägt – so wie bei Familie Weber aus Heiligenstadt, die hier 1986 abgelichtet wurde.

Familien mit mehreren Kindern waren vor 1990 keine Seltenheit im Eichsfeld. Auf diesem Foto sind die Geschwister Niesing aus Kleinbartloff im Winter 1987 zu sehen.

4 Grenze

Die „Staatsgrenze West der DDR“ verlief auch auf dem Territorium des Eichsfeldes. Die SED ließ die Grenze zu einem hermetisch geschlossenen, verminten und mit Selbstschussanlagen gespickten Grenzsperrsystem ausbauen. Erst der Grundlagenvertrag von 1972 und der in seiner Folge eingerichtete kleine Grenzverkehr über Duderstadt-Worbis brachten für die Einwohner der grenznahen Region verbesserte reguläre Besuchsmöglichkeiten und machten den „Eisernen Vorhang“ ein wenig durchlässig.

Bis 1989 lagen zahlreiche Dörfer in der Fünf-Kilometer-Sperrzone oder im 500-Meter-Schutzstreifen an der innerdeutschen Grenze, was verbunden war mit einem ausgeprägten Genehmigungs- und Erlaubniswesen, mit vielen Ge- und Verboten, mit einer völlig überzogenen Überwachung bis ins Privatleben hinein sowie einem hohen Personalaufwand der staatlichen und bewaffneten Organe.

Im Obereichsfeld waren Angehörige der Grenztruppen der DDR allgegenwärtig, welche die Sperranlagen streng bewachten und Fluchtversuche von DDR-Bürgern in die Bundesrepublik verhindern sollten. Das Foto zeigt Soldaten der Grenztruppen beim Streifendienst bei Kella.

Von einer oft umkämpften eichsfeldisch-hessischen Grenzfeste des Mittelalters wurde der Hanstein zu einer einsamen innerdeutschen Grenzburg des 20. Jahrhunderts, deren Besuch ab 1954 verboten war. Ausschließlich Grenzpolizisten bzw. -soldaten hatten in den 1950er- bis 1970er-Jahren während ihres Grenzdienstes Zugang zu der herrlichen Aussicht vom Nordturm (rechts), auf dem ein Holzaufbau als einfache Beobachtungsstelle errichtet worden war. ▸

An einem dienstfreien Nachmittag, der unter dem Thema „Kultur" stand, besuchte ein Zug der Grenzkompanie Wahlhausen im Oktober 1981 die im Schutzstreifen gelegene Burg Hanstein. Während der Burgruinenbesichtigung erfuhren die Soldaten Details zur Geschichte der Burg und des Eichsfeldes und ließen sich zur Erinnerung am vierten Burgtor fotografieren.

Von der Bundesrepublik aus konnte man nah an den Grenzzaun herantreten und Fotos machen, wie hier zu Beginn der 1970er-Jahre: Eine Gruppe von Offizieren der Grenztruppen läuft während einer Lehrvorführung auf dem Kolonnenweg entlang des ersten Grenzzaunes. Im Hintergrund sind ein Turm, der als Führungsstelle des Kommandeurs des Sicherungsabschnittes genutzt wurde, und ein eingegrabener Betonbunker als Erdbeobachtungsstelle zu erkennen. ▸

Mehrere Standorte der Grenztruppen der DDR befanden sich auf eichsfeldischem Boden, so etwa Kasernen in Wahlhausen (Foto), Weidenbach, Pfaffschwende, Günterode usw. ▸

Nahe bei den Wohnhäusern und der Kirche von Wahlhausen verliefen der Grenz- und der Grenzsignalzaun der DDR, um Bürgern den Übertritt in den Westen zu verwehren. Südlich der Kirche wurde im Mai 1987 als letzter Rest des Hansteinschen Rittergutes Unterhof der „Zinsboden" abgerissen.

Der Wallfahrtsort Hülfensberg lag unmittelbar an der undurchlässigen deutsch-deutschen Grenze. Von Hessen aus blieb nur der Blick auf den Grenzpfahl des Bundesgrenzschutzes (links), die DDR-Grenzsäule mit Staatsemblem, auf Döringsdorf und den für Westbürger unerreichbaren Hülfensberg. ▸

Entlang der innerdeutschen Grenze standen auf der Seite der DDR – wie hier in Lindewerra 1987 – in regelmäßigen Abständen „Uhus". Dabei handelte es sich um Ruf- und Sprechsäulen für das erdverkabelte Grenzmeldenetz. Dahinter verlief ein neuer Grenzsignalzaun aus Streckmetall und Stacheldraht, den die Dorfbevölkerung mit ohnmächtigem Zorn hinnehmen musste.

Das Foto vom Grenzverlauf südlich von Lindewerra mit Blick auf die Ruine der Werrabrücke und den Beobachtungsturm (oben) lässt in lehrbuchartiger Deutlichkeit die Einzelheiten der Grenzsicherungsanlagen erkennen: (Werra –) Metallgitterzaun – Kfz-Sperrgraben – Kontrollstreifen – Kolonnenweg – Beleuchtungsanlage.

Immer wieder wurden bis 1989 der Metallzaun, die Beobachtungstürme und die gesamte Technik der Grenzanlagen erneuert, um ein Ziel zu verfolgen: die Verhinderung von „ungesetzlichen Grenzübertritten" aus der DDR in die Bundesrepublik. Das Foto von 1971 zeigt einen alten Holzturm und den neu errichteten Beobachtungsturm BT 11 bei Bleckenrode.

Von westdeutscher Seite wurden zahlreiche Initiativen unternommen, um an die deutsche Teilung und die Menschen im Obereichsfeld zu erinnern. 1980 errichteten Pilger an der Grenze bei Döringsdorf das Eichsfelder Kreuz, um in Sichtweite des unerreichbaren Hülfensberges zu beten. Der Paderborner Erzbischof Johannes Joachim Degenhardt, Albert Kohl und Otto Brauer besuchten 1989 dieses Kreuz.

Wollte man zu Beginn der 1970er-Jahre vom untereichsfeldischen Duderstadt (BRD) in das obereichsfeldische Ecklingerode (DDR) reisen, bot sich dieses Bild einer unterbrochenen Straßenführung. Links steht eine Informationstafel des Bundesgrenzschutzes.

Eine Mauer als Abgrenzung zur Bundesrepublik gab es nicht nur in Berlin, sondern auch an anderen Orten entlang der Grenze. Das Foto von 1984 zeigt die Ziegelei in Zwinge mit der Grenzmauer, die keinen Blick in den Westen freigab, und einem Beobachtungsturm.

Im Juni 1973 werden bei Gerblingerode (BRD) die letzten vorbereitenden Arbeiten getroffen, um den Lückenschluss der Straßenverbindung nach Teistungen (DDR) herzustellen. Dort wurde für den kleinen Grenzverkehr eine eigene Grenzübergangsstelle neu geschaffen.

Von niedersächsischer Seite hatte man 1987 einen guten Blick auf den Grenzzaun der DDR und das eichsfeldische Grenzdorf Kirchgandern mit seiner Martinskirche.

Ein Blick vom Westen auf die Grenzübergangsstelle Worbis (DDR) – Duderstadt (BRD) bei Teistungen, die am 21. Juni 1973 eröffnet wurde.

POLIZEI
GÖ 3467

◂ Zahlreiche Bundesbürger nutzten den neuen Grenzübergang bei Teistungen, um ihre Verwandten in der DDR zu besuchen. Zuweilen kam es wegen der rigiden Kontrollen der DDR-Grenzbeamten zu längeren Staus.

Wollten DDR-Bürger in die Bundesrepublik reisen, konnten sie in der Regel ihr Auto nicht mitnehmen. Deshalb wurde ein eigener Pendelbusverkehr zwischen der Grenzübergangsstelle und Duderstadt eingerichtet.

◂ In Gerblingerode (BRD) wurde ein eigener Parkplatz eingerichtet, um die Massen an Pkw zu beherbergen, deren Besitzer besuchsweise in die DDR einreisen wollten.

An den Eingängen zur Fünf-Kilometer-Sperrzone und zum 500-Meter-Schutzstreifen wurden Kontrollstellen mit Schlagbäumen errichtet, an denen die Ein- und Ausreise von Personen genauestens kontrolliert und reglementiert wurden. Der Verlauf der Sperrzone und des Schutzstreifens wurde überall mittels aufgestellter Schilder und Schlagbäume markiert – wie hier auf dem Foto zu sehen.

5

Ideologie

Vom staatlich verordneten Welt- und Menschenbild des Marxismus-Leninismus sollten nach Vorstellung der kommunistischen Machthaber alle Bürger der DDR überzeugt werden. Dazu schien es notwendig, die Menschen einem nahezu lückenlosen Indoktrinationssystem auszusetzen. Vom Kindergarten über die Schulen, die sozialistischen Jugend- und Massenorganisationen, die Brigaden und Kollektive im Betrieb bis hin zum Altersheim sollte das Volk mit der kommunistischen Weltanschauung in Berührung kommen und nachhaltig beeinflusst werden. Gerade dem Kindergarten und der Schule kamen in diesem Plan – wie auch den Jungen Pionieren und der FDJ – eine maßgebliche Bedeutung zu, da hier der Grundstein zur Formung eines neuen, sozialistischen Menschentyps gelegt werden sollte.

Am „Eichsfelder Hof" in der Wilhelmstraße Heiligenstadts berichtet eine Inschrift vom großen Stadtbrand 1739, darunter die neue DDR-Straßenbezeichnung, die Karl Marx aufnimmt, den Theoretiker des Sozialismus und Kommunismus. (Sammlung Georg Klingebiel)

Im Geiste Lenins - für immer verbunden
- alles für die Verwirklichung der Beschlüsse des XI. Parteitages

1946
1986
KPD
SPD
Das Programm der SED - ein Programm des ganzen Volkes!

◂ Der Parteitag war das höchste Parteiorgan der SED. Er wurde von der Parteiführung in hohem Maße vorbereitet und inszeniert. Propagandalosungen in Heyerode 1986 sollten die Bevölkerung für die Ideen Lenins und die Belange des XI. SED-Parteitages interessieren.

Die militärische Nachwuchsgewinnung durchzog auch weite Teile des Bildungswesens, so etwa die Berufsschulen oder die EOS. Öffentlichkeitswirksam wurde im Stadion der Kreisstadt Worbis eine Vereidigung von Soldaten der NVA zelebriert. Im Hintergrund ist die barocke Antoniuskirche zu sehen.

◂ Das wichtigste Strukturprinzip der sozialistischen Gesellschaft war das Führungsmonopol der SED. Ihre Führungsrolle wurde sogar in der Verfassung der DDR festgeschrieben. Das Plakat vor Dingelstädt weist unübersehbar darauf hin.

◂ Auf dem Schulhof der EOS in Heiligenstadt wurde 1977 der Stellvertreter des Verteidigungsministers Generaloberst Heinz Kessler begrüßt. Er war zur Namensgebung des Grenzregiments 4 angereist.

Bei der Namensgebung des Grenzregiments auf dem Schulhof der EOS „Wilhelm Pieck" in Heiligenstadt ist sogar das Fernsehen der DDR zugegen. Eine Truppenparade durch die Stadt schloss sich dem Festakt an.

◂ Hohe Militärs und Verantwortliche aus Partei- und Staatsführung sind auf einer Ehrentribüne 1977 versammelt, als das Grenzregiment 4 den Namen des Kommunisten „Willi Gebhardt" verliehen bekommt.

Der große Schulhof der EOS in Heiligenstadt war auch der geeignete Platz, um am 1. Mai verdienstvolle Angehörige der Kampfgruppen der Arbeiterklasse auszuzeichnen. Der 1. Kreissekretär der SED, Heinz Apel, nahm die Auszeichnung vor.

Eine Propagandalosung warb am Ortseingang von Worbis 1986 für den Sozialismus.

Bereits vor dem dritten Lebensjahr wurden Kleinkinder in Kinderkrippen – wie hier 1982 in Großbartloff– betreut. Die Eltern gingen so zeitnah zur Geburt wieder einer geregelten Arbeit nach, und die sozialistische Prägung der Kinder konnte so früh wie möglich beginnen.

Jungpioniere mit blauen Halstüchern begrüßen 1971 bei der Einschulung in Wahlhausen die Erstklässler. Die Pionierorganisation „Ernst Thälmann" und die FDJ versuchten als Einheitsorganisation, Schule und Lebenswelt unter politischen Vorzeichen zu verzahnen.

Die Erstklässlerin Judith Klöppner hält 1982 ihre neue Fibel in der Hand. Darin enthalten sind neben Texten zur Vermittlung der Lesekompetenz auch solche über die Soldaten der NVA oder über Ernst Thälmann und die nach ihm benannte Pionierorganisation. ▸

UNSERE
FIBEL

Der Neubau der POS „A.S. Makarenko" in Dingelstädt wurde nach nur einjähriger Bauzeit 1982 eingeweiht. Die schulische Bildung umfasste damals Fächer wie Wehrkunde, Staatsbürgerkunde und Russisch als erste Fremdsprache. Ideologische Indoktrination gehörte ebenso zum Erziehungskonzept wie das Verbot des Religionsunterrichts. Auch an Samstagen fand Unterricht statt. ▸

1985 werden in Dingelstädt Erstklässler von Pionieren in die POS „Käthe Kollwitz" begleitet. Diese Schule war eine von zahlreichen zehnklassigen allgemeinbildenden polytechnischen Oberschulen (POS), eine Gemeinschaftsschule ohne innere oder äußere Differenzierungen während des regulären Unterrichts, sodass der Klassenverband über alle zehn Schuljahre erhalten blieb.

Die vehemente Ideologisierung und Politisierung des Schullebens wurde auch in den 1970er- und 1980er-Jahren weiter vorangetrieben. So erhielt die Schule in Günterode am 3. Dezember 1983 den Namen des bei seinem Grenzdienst getöteten Soldaten Klaus-Peter Braun. Am Mikrofon stehen der Politchef Bosch und der Kommandeur des Grenzregiments Heiligenstadt Klaus Lepa. ▸

Die sozialistische Jugendweihe – hier 1988 in Wüstheuterode – war ihrer Tendenz nach Kultersatz unchristlicher und atheistischer Prägung, weshalb die Kirche sie ablehnte. Auf Lehrer und Eltern übte das sozialistische Regime zunehmend mehr Druck aus. Besonders die „Verweigerer" wurden schwer bedrängt, sodass die Teilnehmerzahlen auch im Eichsfeld stiegen. ▸

Der kommunistische Jugendverband Freie Deutsche Jugend (FDJ) mit Blauhemden als äußeres Erkennungsmerkmal war an allen Schulen der DDR vertreten, so auch an der POS Günterode. Konkurrierende Jugendverbände waren in der DDR nicht erlaubt.

Freundschaftstreffen zwischen Schülern und sowjetischen Soldaten waren in der DDR gern gesehen. In Günterode gab es mehrere vom Russischlehrer organisierte Nachmittage, an denen Jungpioniere und Angehörige der sowjetischen Streitkräfte aus Wachstedt teilnahmen. ▸

FDJ
DER SOZIALISMUS
DEINE WELT

Die DDR verordnete ihren Bürgern eine Freundschaft zur Sowjetunion. Auf der Bühne im Kirchgrund Großbodungen trat deshalb in den 1970er-Jahren das Gesangs- und Tanzensemble Nohra der Sowjetarmee auf.

Vor dem Kreiskulturhaus in Heiligenstadt begrüßt 1972 anlässlich des 50. Jahrestages der Gründung der UdSSR ein Pionier den Major Andrejew von den sowjetischen Streitkräften. Dahinter stehen Alois Bräutigam (1. Sekretär der SED-Bezirksleitung Erfurt), Dieter Sell (Sekretär für Landwirtschaft der SED-Kreisleitung Heiligenstadt) und Wilfried Gladus (Stellvertreter des Vorsitzenden des Rates des Kreises und Vorsitzender der Kreisplankommission im Kreis Heiligenstadt). (Sammlung Georg Klingebiel) ▸

Auf einer Tribüne vor der Filmbühne in der Karl-Marx-Straße Heiligenstadts stehen Vertreter der politischen, staatlichen und wirtschaftlichen Führung. Sie nehmen eine Maidemonstration mit mehr als 10.000 Werktätigen ab. Die Aufnahme entstand zwischen 1975 und 1978. ▸

Am 1. Mai, dem Internationalen Kampf- und Feiertag der Arbeiterklasse, versammeln sich auf dem Schulhof der Erweiterten Oberschule in Heiligenstadt Werktätige und nehmen Aufstellung zum großen Demonstrationszug durch die Innenstadt.

Jeder Bürger hatte die Pflicht, an den Maidemonstrationen teilzunehmen, die die Loyalität des Volkes gegenüber seiner Regierung dokumentieren sollten. Ein großer Zug zieht zwischen 1975 und 1978 die Karl-Marx-Straße hinauf. ▸

Film
BÜHNE
ES LEBE DER
1.

ES LEBE DER
UNSER STAAT – UNSER

Festwagen, Transparente und Tafeln zeigen während der Maidemonstration 1987 in Heiligenstadt die Ergebnisse des sozialistischen Wettbewerbs. (Sammlung Georg Klingebiel)

6

Katholizismus

Die katholische Kirche in der DDR, die sich aufgrund der „unüberbrückbaren weltanschaulichen Differenz“ in Opposition zum Staat befand, war unentwegt atheistischer Propaganda ausgesetzt. Massive Einschränkungen der Seelsorge und Caritas sowie deren staatliche Überwachung und die Monopolisierung des staatlichen Erziehungswesens wurden Mittel staatlicher Kirchenpolitik.

Im Eichsfeld führte eine – für DDR-Verhältnisse – hohe Zahl an Pfarreien, Klöstern, Ordensgemeinschaften, katholischen Kindergärten, Krankenhäusern und Pflegeheimen zu einer besonderen gesellschaftlichen Präsenz, u.a. im karitativen Bereich. Prozessionen und besonders die zentralen Männer- und Frauenwallfahrten mit oft bis zu 20.000 Teilnehmern sind Zeugnis eines lebendigen Katholizismus.

Die politische Teilung des Eichsfeldes wurde vor allem auch deshalb als besonders schmerzlich empfunden, weil die Grenze eine in sich geschlossene und überwiegend von einer katholischen Bevölkerung bewohnte Kulturlandschaft zerschnitt. Das Foto zeigt ein Kreuz auf hessischer Seite in der Nähe des südeichsfeldischen DDR-Grenzzaunes.

Im Gedenken an den 100. Todestag des Eichsfelder Bekennerbischofs Dr. Konrad Martin tagte in Heiligenstadt ein Pastoralkongress für das Eichsfeld. Auf dem Friedensplatz vor der Martinskirche gab es am 1. Juli 1979 eine große Gedenkfeier mit einem Pontikfikalamt.

Bei einer Temperatur von -12 Grad Celsius wurde im März 1971 der ärztliche Direktor des St.-Vincenz-Krankenhauses Heiligenstadt, Dr. Hans Gertler, zu Grabe getragen. Auf dem Hauptfriedhof Heiligenstadts waren Bischof Hugo Aufderbeck, Caritasdirektor Franz Nitsche, Pfarrer Otto Henkel, Pfarrer Ignaz Degenhardt und Monsignore Josef Kesting bei der Beisetzung zugegen. (Sammlung Georg Klingebiel)

Die Kirche war in der DDR auf eine eigenständige Organisation des Glaubenslebens angewiesen. Nachdem der Religionsunterricht in der Schule endgültig verboten worden war, richtete man das Augenmerk auf die Ferienbetreuung, sodass Religiöse Kinderwochen (RKW) mit großem Erfolg veranstaltet wurden, wie hier in Kalteneber unter Pfarrer Gerhard Marx.

BISCHOF KONRAD MARTIN
1879-1979
VON DER HEIMAT GEPRÄGT
LIEBE ZUR KIRCH
IM DIENSTE DER WAHRHEIT
IM KREUZ GEREIFT

Eine hohe Präsenz an Ordensschwestern prägte das Bild der Kirche im Eichsfeld entscheidend mit. Bei einem Jubiläum von Ordensschwestern 1978 in Heiligenstadt ist auch Bischof Hugo Aufderbeck aus Erfurt anwesend.

Ein großer Teil der Ordensschwestern war in Krankenhäusern, in der ambulanten Krankenpflege, in Altersheimen, Kinderheimen und Kindergärten tätig. Ihre karitative Aktivität und die dank westlicher Einfuhren hochmoderne Ausstattung der kirchlichen Krankenhäuser wusste man zu schätzen. Es war ein offenes Geheimnis, dass erkrankte SED-Genossen sich gern in konfessionellen Krankenhäusern behandeln ließen, wie hier in Worbis.

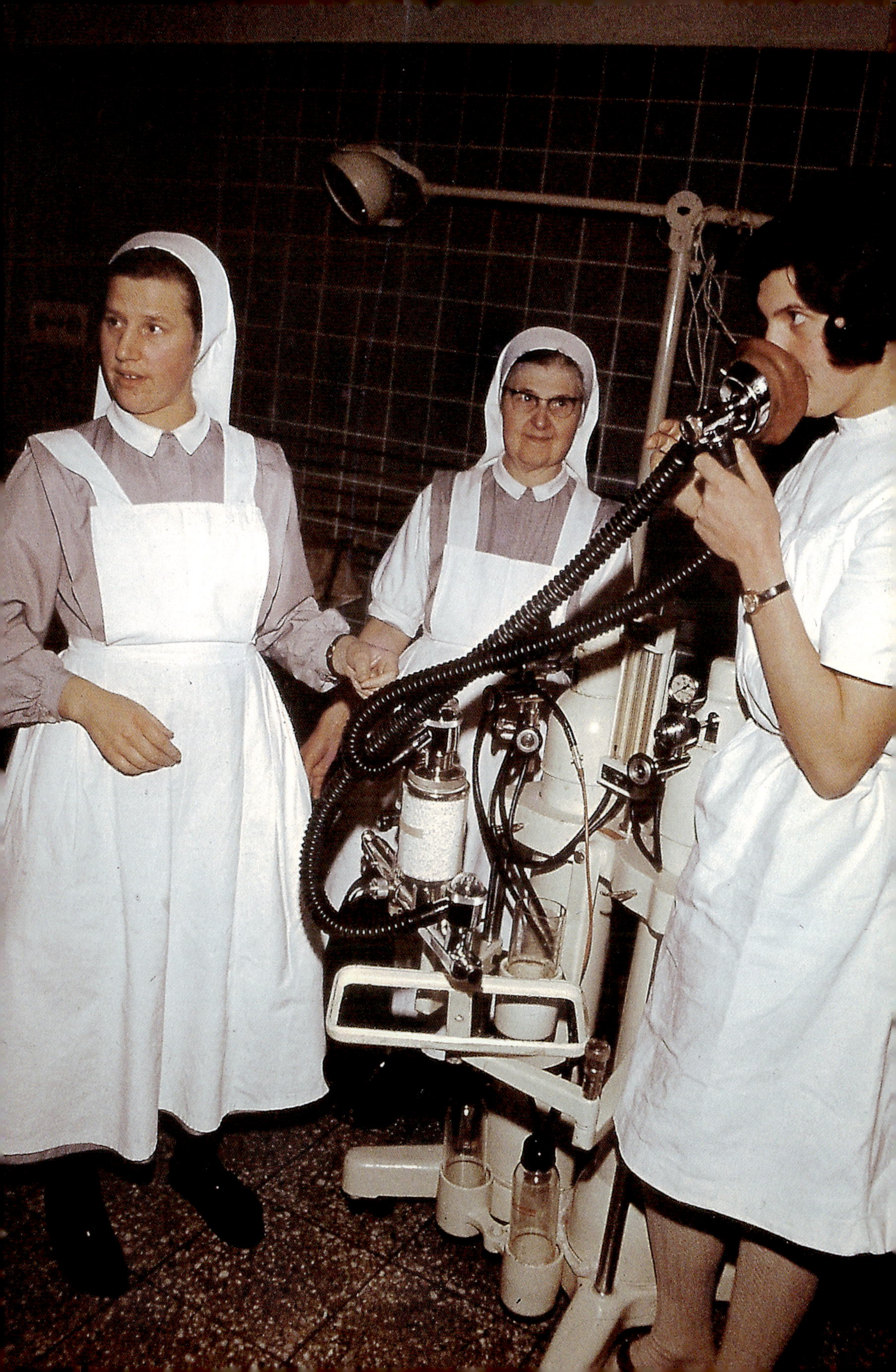

◂ Die Leidensprozession am Palmsonntag in Heiligenstadt zählt zu den religiösen Großereignissen im Kirchenjahr. Tausende kommen in die Kreisstadt, um an der Prozession teilzunehmen und die Karwoche zu beginnen. In der Karl-Marx-Straße wurde 1982 gerade der Neubau „Stadtmitte“ errichtet.

Die Männerwallfahrt im Klüschen Hagis bei Martinfeld zog jährlich mehr als 20.000 Gläubige an. Die Predigten des Bischofs wurden als Ermutigung und Höhepunkte im Kirchenjahr angesehen. Das Foto zeigt Bischof Joachim Wanke mit Eichsfeld-Kommissarius Propst Paul-Julius Kockelmann, den Pfarrern Ignaz Degenhard und Josef Kesting sowie Redemptoristenpatres.

◂ Am Ende der Leidensprozession feiern die Gläubigen eine Andacht in der oberen Lindenallee. Am 19. März 1989 predigte der Pfarrer der Ägidiengemeinde Heiligenstadts, Franz Josef Wiederhold.

◂ Der SED-Staat erklärte Fronleichnam 1967 zum Arbeitstag, die Eichsfelder hielten in der Folge am Donnerstagabend oder am darauffolgenden Sonntag ihre Prozessionen ab. In Mackenrode bereiten die Dorfbewohner 1989 einen Blumenteppich und Fahnenschmuck für die Prozession vor. Blumen und Farne werden anschließend gegossen, um sie am Davonfliegen zu hindern.

Jahrgangsweise gehen die Schüler der 3. Klasse nach eigener Vorbereitung erstmals zur Beichte und zur heiligen Kommunion. In Uder haben sich 1989 die Jungen in Festkleidung in der Kirche versammelt. Zu einem Ärgernis wurde in der Schule zuweilen der folgende Montag, den die Eltern als Fortführung des Festes traditionell als schulfrei einforderten.

Mit der Wallfahrt zum Gnadenbild der Gottesmutter von Etzelsbach ist der Brauch verbunden, eine Marienfigur abzuwischen und das Tuch danach den Kranken aufzulegen. Auf die Fürsprache Mariens werden so Genesung oder Heilung erbeten.

Den Abschluss des Aufbaus der Leinefelder Südstadt symbolisiert die katholische Kirche St. Bonifatius im äußersten Südwesten des Stadtteils, denn in der neu entstandenen Plattenbausiedlung fehlte ein kirchliches Gemeindezentrum für die zugezogenen Katholiken. Die Kirche gilt als größter in der DDR begonnener Sakralbau. Die Aufnahme vom Oktober 1988 zeigt links das Gemeindezentrum und den Beginn der Kirchbauarbeiten.

Bei der Pferdewallfahrt in Etzelsbach 1987: Pfarrer Gerhard Miksch teilt die von ihm initiierten und sehr begehrten Lederplaketten aus. Jeder Pferdebesitzer, der an der Wallfahrt teilnimmt, bekommt bis heute dieses kleine Andenken."

Das Gnadenbild und Wallfahrtsziel der Pilger zur Kirche Maria in der Wiese in Germershausen ist eine gotische Marienfigur mit Kind. Nach der Umgestaltung der Wallfahrtskirche fand sie ihren Platz auf einer Stele. ▸

Da der beliebte Wallfahrtsort Hülfensberg ab 1952 im streng bewachten Grenzgebiet lag, wurde auf dem leichter zugänglichen Brink bei Burgwalde 1957 eine Ersatzwallfahrt eingeführt. Der Messfeier stehen um 1987 vor: Pfarrer Franz-Xaver Stubenitzky aus Kirchgandern, Präfekt am Priesterseminar Erfurt Hermann-Josef Röhrig, Ortspfarrer Hartmut Gremler und Pfarrer Rudi Montag aus Witzenhausen.

Bei einer Wallfahrt in Worbis ist 1978 neben Bischof Hugo Aufderbeck auch Weihbischof Joachim Meisner (1933–2017) zu sehen. Der Caritas-Rektor Meisner wurde 1975 zum Weihbischof des Bischöflichen Amtes Erfurt-Meiningen ernannt und verblieb bis 1980 in dieser Funktion. ▸

◂ Am 24. September 1978 war der Vorsitzende der Berliner Bischofskonferenz, Erzbischof Alfred Kardinal Bengsch (1921–1979) aus Berlin, in Worbis zu Gast. Zusammen mit etwa 8.000 Gläubigen feierte er das 300. Kirchweihjubiläum der Klosterkirche St. Antonius.

Der ehemalige Kaplan der St.-Ägidien-Gemeinde Heiligenstadts, Joachim Meisner, wurde 1980 zum Bischof des geteilten Bistums Berlin ernannt. Als Vorsitzender der Berliner Bischofskonferenz und Kardinal kam er 1987 zu einem Besuch zurück nach Heiligenstadt.

1985 wurde ein Eichsfelder zum Bischof geweiht: Der gebürtige Leinefelder Hans-Reinhard Koch (1929–2018) war Weihbischof des Apostolischen Administrators in Erfurt und Meiningen und ab 1994 Weihbischof des Bischofs von Erfurt. Das Foto zeigt ihn 1989 in Breitenworbis mit Franziskanerpater Erwin Schollmeyer, der von 1986 bis 1989 der einzige Bewohner im Kloster auf dem Hülfensberg war.

◂ Zum Nachfolger von Bischof Aufderbeck wurde 1981 der Erfurter Theologieprofessor Joachim Wanke ernannt. Die Aufnahme zeigt ihn 1982 bei der Visitation in Eichstruth.

Zu den bekanntesten Priestern des Eichsfeldes zählte Clemens Reinhardt (1901–1991), der 35 Jahre in Dieterode und Schwobfeld tätig war (Bildmitte). Sein Nachfolger Heinrich Meyer (1930–2013) war ebenfalls beliebt. Beide sind hier 1987 beim diamantenen Priesterjubiläum Reinhardts mit dem Mackenröder Chorleiter Albert Kulle zu sehen.

7

Revolution

Viele DDR-Bürger hatten große Probleme mit der herrschenden Einparteiendiktatur der SED. 40 Jahre Bevormundung und Unterdrückung sowie eine permanente und immer präsente politische Beeinflussung führten neben der Abgrenzung von der westlichen, der freien Welt zu einem hohen Maß an Unfreiheit.

Die Protestbewegung der Friedlichen Revolution begann im Eichsfeld am 16. Oktober 1989 in Worbis. In Heiligenstadt ging man ab dem 23. Oktober regelmäßig nach den montäglichen Friedensgebeten in St. Gerhard auf die Straßen. Die Öffnung der streng bewachten Grenze im November 1989 wurde als große Befreiung empfunden.

Besonders hervorzuheben ist, dass Dr. Werner Henning vom Kreistag des Kreises Heiligenstadt am 7. Dezember 1989 zum ersten Vorsitzenden eines Rates des Kreises der DDR mit CDU-Mitgliedschaft gewählt wurde und Bernd Beck in Heiligenstadt ab 6. Dezember 1989 der erste frei gewählte Bürgermeister der DDR war.

Ab dem 23. Oktober 1989 fanden jeden Montag in Heiligenstadt zunächst ein Friedensgebet, dann ein Zug durch die Stadt und schließlich eine Demonstration auf dem Friedensplatz vor dem Kreisratsgebäude statt. Der Weg führte dabei durch den Schöllbach, weil die breitere Karl-Marx-Straße gerade zur Fußgängerzone umgebaut wurde.

Zwangskollekti
Verbrechen am Bau

Demonstranten am 13. November 1989 auf dem Weg von der Kirche zum Gebäude der Staatsmacht auf dem Stiftsberg in Heiligenstadt.

Vor die demonstrierenden Menschenmassen traten sowohl Bürger aus der Protestbewegung als auch Vertreter der Staatsmacht. Hier spricht Jürgen Kofend, der 1. Sekretär der SED-Kreisleitung in Heiligenstadt, dessen Rede von zahlreichen Buhrufen und Pfiffen unterbrochen wurde. ▸

Auf dem großen Platz vor dem Gebäude des Rates des Kreises Heiligenstadt fanden im Herbst und Winter 1989 mächtige Kundgebungen statt. Am 30. Oktober 1989 demonstrierten über 10.000 Teilnehmer vor dem Kreisratsgebäude.

Die Menschen erschienen mit Kerzen vor dem Kreisratsgebäude in Heiligenstadt, um anzudeuten, dass sie in friedlicher Absicht gekommen waren. Am 13. November 1989 waren es mehr als 10.000, die Rechenschaft von den Machthabern der SED einforderten. ▸

OHNE
GELD,
ZELT!

Die Demonstranten im Eichsfeld forderten 1989 u. a.: den Führungsanspruch der SED zu beenden, Chancengleichheit für Christen, den Schulunterricht zu entideologisieren, freie Wahlen, Einführung des Zivildienstes, Abbau der Stasi und die Veröffentlichung ökologischer Daten. ▸

Bei den Demonstrationen 1989 wurden auch Unterschriftenaktionen gestartet, so etwa eine Petition zum Wegfall des Sperrgebietes. Der Herr rechts trägt einen Button mit der Aufschrift „I like Mike" und dem Bildnis des sowjetischen Generalsekretärs Michail Gorbatschow, der die Konzepte Glasnost (Offenheit) und Perestroika (Umstrukturierung) in die Politik einbrachte.

Der Leiter des Volkspolizei-Kreisamtes Heiligenstadt, Major Edgar Weber, spricht am 13. November 1989 zu den Demonstranten in Heiligenstadt. Links ist Diakon Winfried Lang zu sehen, der als Moderator der Dialoge auf dem Friedensplatz fungierte. ▸

40 Jahre lang Betrug,
SED-es ist genug!
Nur gelogen u. gestohlen,
jetzt soll Euch der Teufel holen!

Am 18. November 1989 wurde die Grenze zwischen Wahlhausen und Bad Sooden-Allendorf geöffnet, wozu sich an einem bitterkalten Morgen eine große Zahl von Eichsfeldern und Hessen am inzwischen durchlässigen Grenzzaun eingefunden hatten. Nach Wahlhausen ergoss sich ein riesiger Strom an Menschen aus der Bundesrepublik.

Die Protestbewegung der DDR-Bürger erzwang im November 1989 die Öffnung der innerdeutschen Grenze. Am 12. November 1989 fanden sich die Bürger Lindewerras vor den Grenzsicherungsanlagen ihrer Brückenruine ein, um gemeinsam mit den Höheberg-Musikanten die Grenzöffnung und den Wegfall des Sperrgebietes zu bejubeln. Nach der musikalischen Darbietung wurde im Gemeindesaal ausgelassen gefeiert.

Nun konnten Besucher im einst kaum zugänglichen Wahlhausen die Grenzanlagen von DDR-Seite besichtigen. Viele waren erstaunt über dieses allgegenwärtige Abgrenzungsbauwerk im Dorf an der Werra.

Die Grenzöffnung Frieda – Großtöpfer wurde musikalisch vom Fanfarenzug Meinhard begleitet. ▸

Am 18. November 1989 wurde auch im südlichen Eichsfeld zwischen Frieda und Großtöpfer der Grenzzaun geöffnet. Einen Tag zuvor hatten Bundesbürger aus Hessen mit den DDR-Grenzsoldaten gesprochen.

Die Bewohner des eichsfeldischen Dorfes Wilbich (DDR) besuchen am 18. November 1989 nach Jahrzehnten der erzwungenen Trennung erstmals wieder das hessische Frieda (BRD). ▸

Endlich sind wir da!
Wilbich in Frieda
18.11.1989

Die Atmosphäre der ersten Tage der Grenzöffnung und Wiedervereinigung – Freudentränen, spontane Volksfeste, zahlreichen Dankgottesdienste – ist mit Worten kaum angemessen wiederzugeben. In der Gaststätte in Geismar herrschte am 18. November 1989 eine ausgelassene Stimmung.

In Großtöpfer wurde im November 1989 der mächtige Staats- und Parteichef der DDR, Erich Honecker, entmachtet, indem sein nahezu allgegenwärtiges Bildnis von der Wand genommen wurde. Honecker war allerdings bereits am 17. Oktober 1989 zurückgetreten und durch Egon Krenz ersetzt worden.

In der Nacht vom 9. auf den 10. November 1989 ging der Schlagbaum bei Teistungen hoch, um eine kilometerlange Trabbi-Schlange mit mehreren Tausend Einwohnern aus dem Obereichsfeld und den benachbarten Kreisen Nordhausen und Mühlhausen durchzulassen. Die vielen Trabbis veranlassten einen Bürger zum Überkleben des Ortseingangsschildes von Duderstadt.

Im Südeichsfeld bei Döringsdorf wurde nach der Öffnung des Metallzaunes am 25. Dezember 1989 ein provisorischer Grenzübergang für Fußgänger geschaffen.

Auf eine derart schnelle Öffnung der einst hermetisch abgeriegelten „Staatsgrenze West der DDR“ war man nirgendwo vorbereitet gewesen. Zur Überwachung der Besucherströme diente den Grenztruppen der DDR bei Döringsdorf im Dezember 1989 eine provisorische Unterkunft.

In Döringsdorf, das im 500-Meter-Schutzstreifen direkt an der Grenze lag, war die Freude groß, dass die isolierte Lage vorbei war. Mit einem Transparent wurden die Besucher begrüßt: „Ihr wart ja hier schon lang nicht mehr, drum freut sich Döringsdorf und Bebendorf umso mehr.“ ▸

Der neue Grenzübergang bei Döringsdorf mit einem Kontrollposten der Grenztruppen am 25. Dezember 1989.

Im Dezember 1989 wurden in Teistungen die einreisenden Bundesbürger mit einem eigens aufgestellten Schild begrüßt. ▸

Herzlich Willkommen!
Jhr wart ja hier schon lang nicht mehr Drum freut sich Döringsdorf und Bebendorf umsomehr

Worbiser Handwerker
grüßen ihre Landsleute
Hier gratis
kommenstrunk & Jmbiss

FROHE WEIHNACHT DEUTSCHLAND

◂ Am 24. Dezember 1989 heißen Einwohner von Dingelstädt die Besucher aus der Bundesrepublik willkommen. An diesem Tag entfielen offiziell Grenzkontrollen, Visumzwang und Mindestumtausch für Bundesbürger bei Einreise in die DDR, weshalb man in Dingelstädt einen eigenen Raum im Rathaus für Essen und Getränke hergerichtet hatte.

Zu einer Begegnung von Lokalpolitikern der DDR und der Bundesrepublik kam es während der Grenzöffnung bei Kella im Eichsfeld Ende Dezember 1989: Dr. Riebold (Leiter der Kommunalaufsicht im Werra-Meißner-Kreis), Dr. Werner Henning (Vorsitzender des Rates des Kreises Heiligenstadt), Theodor Leyhe (Kreisbeigeordneter des Werra-Meißner-Kreises) und dessen Gattin.

◂ Noch mit dem Grenzzaun, aber der bereits „weltoffenen" Ruine der Burg Hanstein im Hintergrund zeigten sich zwei BGS-Männer mit drei Grenztruppenangehörigen im Dezember 1989 im „westlichen Vorfeld", nachdem die von ihnen ursprünglich zu bewachende Grenze innerhalb Deutschlands ihren teilenden, abschreckenden Charakter endlich verloren hatte.

Chronik

1972	Verkürzung des Sperrgebietes, wodurch mehrere Dörfer aus der Fünf-Kilometer-Sperrzone entlang der „Staatsgrenze West der DDR" herausgenommen wurden.
1973	1.000-Jahr-Feier der urkundlichen Ersterwähnung Heiligenstadts mit vielen Veranstaltungen.
21.6.1973	Eröffnung der Grenzübergansstelle Worbis (DDR) – Duderstadt (BRD) bei Teistungen.
1973	Auflösung des Kreises Duderstadt und Angliederung an den Kreis Göttingen.
1977	Schließung des bischöflichen Knabenseminars (Konvikt) in Heiligenstadt aufgrund staatlichen Drucks und vollständige Nutzung als Jugendhaus „Marcel Callo".
1980	Bundespräsident Carl Carstens wandert im Untereichsfeld und wird in Duderstadt empfangen.
1980	Errichtung eines Eichsfelder Kreuzes auf hessischem Territorium, um in Sichtweite des für BRD-Bürger unerreichbaren Hülfensberges zu beten.
5.5.1981	Erschießung eines 19-jährigen sowjetischen Deserteurs in Effelder.
29.3.1982	Heinz Josef Große aus Thalwenden wird bei einem Fluchtversuch von Grenzposten der DDR getötet.
1985	Beginn der denkmalpflegerischen Sicherungsmaßnahmen an der Burgruine Hanstein und an der Kirche in Wahlhausen.
1988	Baubeginn für den größten und letzten Kirchenbau der DDR in der Plattenbausiedlung der Leinefelder Südstadt.

Bierdeckel zum Jubiläum Heiligenstadts 1973.

4.7.1988	Eröffnung des Literaturmuseums „Theodor Storm“ im Mainzer Haus in Heiligenstadt.
17./18.8.1989	Schüsse auf Wahlhausen vom Gebiet der BRD aus.
Herbst 1989	Nach Friedensgebeten in Worbis, Heiligenstadt, Dingelstädt und Leinefelde beginnt mit machtvollen Kundgebungen die Friedliche Revolution im Eichsfeld.
9.11.1989	Öffnung der DDR-Staatsgrenze zur Bundesrepublik am Schlagbaum bei Teistungen; weitere – seit 1952 geschlossene – Grenzübergänge werden alsbald hergestellt.
12.11.1989	Wegfall des Sperrgebietes entlang der Staatsgrenze.
Dezember 1989	Dr. Werner Henning wird vom Kreistag des Kreises Heiligenstadt zum ersten Vorsitzenden eines Rates des Kreises der DDR mit CDU-Mitgliedschaft gewählt. Bernd Beck (CDU) wird in Heiligenstadt der erste frei gewählte Bürgermeister der gesamten DDR.

Metallschild der Grenzübergangsstelle Neu-Eichenberg – Hohengandern, die am 12. November 1989 eröffnet wurde.

Buchhinweise

Das Eichsfeld im 19. Jahrhundert
Alltagsbilder aus einer bewegten Zeit

Torsten W. Müller

978-3-95400-996-1
19,99 €

Das Eichsfeld
Farbfotografien aus den 30er- und 40er-Jahren

Torsten W. Müller

978-3-95400-749-3
19,99 €

FN 61-36